# MÉMOIRE

ET OBSERVATIONS PRATIQUES

SUR UNE

# PUISSANTE MÉDICATION

CURATIVE,

***De la Surdité, de l'Amaurose, de certaines Cataractes, des Névralgies et de la Migraine.***

Par F. Terrier,

DOCTEUR EN MÉDECINE DE LA FACULTÉ DE PARIS, ETC.



PARIS,

CHEZ L'AUTEUR, RUE NEUVE-DES-PETITS-CHAMPS, 80;

CHEZ GERMER-BAILLÈRE, LIBRAIRE,

*rue de l'École-de-Médecine*, 17,

CHEZ BOHAIRE, LIBRAIRE, *boulevart des Italiens*, 10.

1841.

PARIS,
IMPRIMERIE DE A. APPERT,
Éditeur de la Biographie du Clergé Contemporain,
54, PASSAGE DU CAIRE.

# MÉMOIRE

## ET OBSERVATIONS PRATIQUES.

---

Ayant assez longtemps habité Vienne et Londres, nous avons été pendant notre séjour dans ces deux capitales fréquemment en relation avec de savants praticiens; nous avons suivi leur pratique dans les hôpitaux et dans d'autres établissements philantropiques : cherchant à découvrir s'ils ne prescrivaient pas quelques substances, s'ils n'employaient pas quelques médications curatives dont les effets fussent peu connus ou négligés en France, faute d'avoir été suffisamment expérimentés.

En conséquence de nos observations, de nos recherches, nous avons été dirigé par nos réflexions à faire l'application de nouveaux et puissants moyens curatifs, au traitement de la surdité, des maladies nerveuses de l'oreille, de l'amaurose, de certaines cataractes, des névroses de l'œil, des névralgies en général et de la migraine. C'est en modifiant d'une manière puissante les nerfs de l'organe affecté et en agissant, soit comme sédatifs, soit comme excitants, que ces moyens exercent une influence salutaire dans les affections que nous venons de désigner.

Nous avions d'abord l'intention de faire connaître ces nouveaux procédés curatifs, cette marche eût été sans doute plus conforme aux exigences de la science, mais nous en avons été détourné par diverses considérations; nous ne voulons les publier qu'au moment où une masse de faits, présentés au corps médical, permettra à chaque praticien de les prescrire avec discernement; notre conduite d'ailleurs a été approuvée par quelques-uns de nos confrères hautement placés dans la science, qui ont reçu nos confidences et qui connaissent nos intentions : cette publicité ne tardera pas sans doute à se faire; alors nous serons heureux d'offrir à la pratique médicale ces divers moyens thérapeutiques.

C'est au moyen de la méthode *iatraleptique* ou par *frictions* sur diverses surfaces que nous appliquons le plus ordinairement les substances qui constituent la base de notre traitement; médication, comme on le voit, simple, facile, sans douleur et préférable sans contredit à la plupart des autres traitements, en ce qu'elle évite aux personnes qui peuvent y avoir recours, la répugnance que font toujours éprouver les médicaments absorbés par les voies digestives; de même qu'elle évite les souffrances, produites le plus souvent par la méthode endermique, par les vésicatoires, ou par d'autres contr'irritants.

Quelles que soient les surfaces sur lesquelles sont appliquées ces préparations, il n'y survient jamais ni rougeur, ni éruption, ni vésication; il s'y développe seulement une prompte et douce chaleur et comme une sensation électrique; de cette manière elles n'ont aucune influence sur la circulation générale, leur action étant simplement locale.

Pénétré que nous sommes des principes généraux de l'art de guérir, nous n'employons pas ces moyens d'une manière absolue et à l'exclusion de tout autre traitement. Dans une amaurose, une surdité par congestion, nous n'omettons pas en même temps de recourir aux anti-phlogistiques, et nous agissons de même pour toutes les indications qui peuvent se présenter.

## DE LA SURDITÉ.

Exploitées presque exclusivement à toutes les époques par le charlatanisme, les maladies de l'oreille sont restées sans doute en arrière des progrès de l'art de guérir en général. Si l'on compare en effet les nombreux travaux qui ont été faits sur la pathologie de l'œil avec ceux écrit sur l'organe de l'audition, on reste frappé du pe s tit nombre de ces derniers; cela tient sans doute aux difficultés que présente l'exploration de l'oreille moyenne et interne. Cependant hâtons-nous de le dire, la science possède, tant en France qu'à l'Étranger, quelques ouvrages remarquables, sur les affections de l'oreille, qui peuvent toujours être consultés avec fruit.

La surdité qui rarement est complète, peut, lorsqu'elle n'est pas congéniale, provenir d'une infinité de causes, de diverses lésions qui réagissent sur les nerfs de l'audition. Quant à la surdité appelée nerveuse, elle se présente sous deux variétés distinctes : La première est occasionnée par un état d'éréthisme du nerf spécial de l'audition; la deuxième, par l'état torpide du même nerf. Le tintement d'oreilles, *tinnitus aurium*, sensation si pénible qui complique souvent cette affection, paraît dépendre plus particulièrement de l'état d'éréthisme du nerf auditif.

La surdité a été alternativement traitée par les saignées locales et générales, les ventouses, les vésicatoires, les sétons, les cautères, les moxas, les bains russes, les bains de mer, les bains sulfureux, les émétiques, les purgatifs, l'électricité, le galvanisme, le magnétisme animal et minéral, divers liminents, des liquides introduits dans le conduit auditif externe, enfin, par des fumigations, des gargarismes et des sternutatoires.

Krammer de Berlin et quelques chirurgiens anglais qui se livrent au traitement spécial des maladies de l'oreille, indépendamment des moyens généraux quand ils les jugent utiles, combattent la surdité par des injections d'air ou d'eau portées dans l'oreille moyenne, par la trompe d'eustache; ces chirurgiens ajoutent encore souvent à la vapeur d'eau une petite quantité d'éther acétique. Pour cette opération, qui exige beaucoup d'habitude, et qui toujours est douloureuse, tous se servent du cathéter inflexible en argent. Nous possédons le modèle d'un cathéter nouvellement inventé d'une forme convenable pour se maintenir par sa seule conformation, lorsqu'il est introduit dans la trompe d'eustache, ce qui dispense du bandage frontal ordinaire. Les chirurgiens anglais ont, pour la plupart, abandonné l'appareil, ou réservoir à air comprimé; ils font simplement les injections d'air à travers le cathéther, avec une seringue à oreilles; ce procédé, d'ailleurs plus prompt et plus simple, leur a été suggéré à la suite d'accidents arrivés à Londres, par l'introduction de l'air comprimé.

Il y a près d'un siècle qu'un médecin anglais, Darwin, eut recours à un procédé entièrement opposé à celui que nous venons d'indiquer : Il appliqua sur l'oreille externe de trois personnes dont l'audition était extrêmement dure, une ventouse hermétiquement maintenue, à laquelle était adaptée une petite pompe aspirante pour faire le vide; cette opération fit rougir et gonfler le pavillon de l'oreille, et comme après un quart-d'heure elle produisit de la douleur dans l'oreille interne, la ventouse fut enlevée et l'air réintroduit; l'une de ces trois personnes fut immédiatement guérie de sa surdité, et la guérison fut permanente, chez les deux autres, elle ne produisit aucun effet sensible.

Lorsqu'on a la certitude que le canal eustachien est en partie oblitéré ou rétréci, il y a des praticiens qui, alors, ont recours à la perforation de la membrane du tympan; opération qui fut d'abord indiquée par Riolan et pratiquée pour la première fois par sir Astley Cooper. Quant à la possibilité de dilater ce canal par des procédés qu'on peut, en quelque sorte, comparer à ceux qu'on emploie pour la dilatation du canal de l'urètre, le rétrécissement du canal eustachien existant presque toujours dans sa partie cartilagineuse, nous pensons que les praticiens prudents n'ont jamais eu la pensée d'opérer cette dilatation. On a encore proposé dans certains cas de surdité la perforation de l'apophise mastoïde et même de recourir à la transfusion du sang. Que n'a-t-on pas proposé!..

Notre méthode curative de la surdité, des névroses et névralgies de l'oreille, est beaucoup plus simple et moins douloureuse surtout. Des frictions sur les tempes et autour de l'oreille externe, quelques gouttes d'une solution introduites dans le conduit auditif externe, suffisent ordinairement pour produire un résultat avantageux; et quand nous le jugeons convenable, nous joignons à ce traitement l'emploi de moyens généraux.

*Première observation. — Névralgie de l'oreille.*

Madame L..., âgée de 36 ans, tempérament lymphatique nerveux, ayant l'apparence d'une bonne santé, éprouvait depuis deux années environ, des accès irréguliers d'otalgie; ces accés duraient ordinairement dix à douze heures, et ils étaient extrêmement douloureux. Elle avait essayé beaucoup de moyens qui, rarement, avaient pallié cette affection. Le traitement que nous lui avons conseillé et qu'elle a suivi exactement s'est borné à des injections dans le conduit auditif; de plus, des frictions ont été faites matin et soir autour du pavillon et sur les tempes; immédiatement après les premières frictions, l'intensité des douleurs et leur durée ont été calmées et abrégées. Ce traitement a été continué pendant quinze jours; après cet intervalle, cette névralgie avait disparu, et depuis elle n'est pas revenue.

*Deuxième observation.—Tintement.*

Madame D..., âgée de 40 ans, à la suite de douloureuses émotions, fut prise, il y a huit années, d'un tintement dans l'oreille gauche; cette pénible sensation simulait le bruit du roulement d'une voiture sur le pavé; cette sensation était en quelque sorte permanente. Le traitement au moyen des frictions fut commencé le 1er juin dernier; dix jours après, cette névrose avait disparu, et depuis, elle ne s'est pas fait ressentir. Cette dame avait inutilement employé divers traitements, avant de recourir aux frictions.

*Troisième observation. — Surdité, tintement.*

M. C..., âgé de 54 ans, fortement constitué, tempérament sanguin et prédisposé aux congestions cérébrales, avait été affecté, il y a environ vingt ans, d'une inflammation aiguë du conduit auditif externe; cette otite externe avait été traitée et guérie par les conseils d'Itard; depuis lors jusqu'au mois de novembre 1840, il n'était pas survenu de rechute. Dans le mois de décembre suivant, l'audition fut tout-à-coup presque entièrement perdue; en même temps apparut un tintement pénible simulant le bruit du vent. Ce monsieur vint nous consulter à la fin de mars

1841, il avait suivi plusieurs traitements. A ce moment, il n'y avait que des bruits intenses qui pussent stimuler l'audition; il était, en outre, depuis environ dix-huit mois, affecté d'une amaurose, avec commencement de cataracte, et depuis plusieurs mois, il souffrait d'une névralgie frontale, avec céphalalgie continue.

Le conduit auditif externe étant dans son état normal, nous y fîmes tomber tous les deux ou trois jours quelques gouttes d'une *solution;* des frictions au nombre de deux par jour furent pratiquées autour du pavillon de l'oreille et sur les tempes; ce traitement, qui fut suivi régulièrement pendant deux mois, produisit une notable amélioration. Aujourd'hui, l'audition de M. C... est parfaite. Nous faisons observer que ce monsieur suivait en même temps les médications indiquées contre l'amaurose, etc., dont il était affecté.

## DE L'AMAUROSE, GOUTTE SEREINE.

Les parties constituantes de l'œil, de même que tous les autres organes du corps humain, peuvent être affectées de désordres fonctionnels, sans changements appréciables dans leur organisation. L'œil est sujet à des névroses, à des névralgies, à diverses défectuosités de la vision qui ont un caractère purement nerveux. La guérison de ces affections s'obtient donc par des moyens autres que ceux employés pour combattre les altérations de structure de cet organe.

Que l'amaurose soit simplement nerveuse, ou qu'elle soit la conséquence d'une congestion, etc., on ne doit jamais perdre de vue qu'il y a toujours dans cette affection un désordre fonctionnel, soit de la rétine, soit du nerf optique, soit enfin de la portion du cerveau où ce nerf prend son origine.

Comme elle peut être le produit d'une infinité de causes, elle doit être traitée par des procédés divers, tout en agissant constamment sur les parties nerveuses de l'œil. Nous passons sous silence les nombreuses médications qui sont conseillées pour combattre cette affection; cependant nous devons signaler un nouvel alkaloïde, la strychnine, qui agit souvent d'une manière efficace.

*Quatrième observation. — Amaurose.*

Madame M...., âgée de 34 ans, tempérament nerveux, prédisposée aux tubercules pulmonaires, et qui a souffert à diverses époques d'attaques de gastralgie; à la suite de revers de fortune, et de chagrins profonds, éprouva, il y a environ un an, des symptômes d'amaurose, comme obscurcissement de la vision, les objets étaient enveloppés d'un nuage épais, et ils paraissaient doubles, ou semblaient changer de forme et de situation. Ces accidents étaient à peu près permanents. Madame M.... vint nous consulter, le 2 juin 1841 ; elle avait suivi plusieurs traitements, et entre autres substances elle avait pris de nombreuses préparations ferrugineuses, dans le but de fortifier sa santé et le système nerveux en particulier. Ces diverses médications avaient échoué. La première fois que cette dame nous vint consulter, nous trouvâmes les yeux sans expression, les pupilles étaient dilatées et l'iris pouvait se contracter jusqu'à un certain degré. Douze frictions faites dans l'espace de six jours sur le front et les tempes ont complètement rétabli la vue de cette dame.

*Cinquième observation. — Névralgie frontale, paralysie de la paupière supérieure.*

Mademoiselle B.... âgée de 21 ans, femme de chambre, vint nous consulter, le 15 mai 1841, pour une névralgie frontale avec paralysie de la paupière supérieure de l'œil gauche. Cette demoiselle avait été depuis peu de temps guérie d'une ophthalmie intense. D'après nos conseils, elle commença immédiatement le traitement par frictions; elle en fit seize, deux chaque jour; les deux premières frictions firent disparaître la névralgie, et les autres rendirent à la paupière la faculté de se mouvoir.

*Sixième observation. — Amaurose, cataracte commençante.*

M. C..., dont nous venons de donner précédemment l'observation de surdité fut attaqué, il y a environ deux ans, d'une inflammation grave de la choroïde, de l'iris, et des capsules. Il consulta d'abord un oculiste distingué de Paris qui lui fit suivre un traitement énergique, tel que les saignées, les vésicatoires, les frictions de mercure et de belladone; il lui fut ensuite prescrit de prendre chaque jour plusieurs doses de colchique et de calomélas en les alternant tous les deux jours; les symptômes inflammatoires à la longue disparurent, quinze mois s'écoulèrent, et malgré ces diverses médications, sa vue était tellement obscurcie qu'il ne pouvait plus reconnaître ses parents, ses amis; il distinguait seulement la lumière de l'obscurité. Les yeux étaient le siége d'une vive sensibilité, il était de plus affecté d'une névralgie frontale avec céphalalgie continue. Depuis plusieurs mois étant presqu'entièrement privé de sommeil, sa santé commençait à s'altérer. Lorsque ce monsieur vint nous consulter, le 2 avril 1841, nous trouvâmes ses yeux sans expression, légèrement injectés; les pupilles extrêmement contractées, peu mobiles, et une légère opacité de capsules, plus particulièrement de l'œil gauche. Nous lui conseillâmes de prendre immédiatement d'actifs diurétiques, et de pratiquer deux frictions chaque jour sur le front et les tempes. Elles ont été continuées jusqu'à la fin de juillet; pendant cet intervalle il y eut deux applications de sangsues, deux vésicatoires furent posés successivement à la nuque et au bras, le vésicatoire au bras fut seul conservé; il prit aussi quelques pilules purgatives. Sous l'influence de ce traitement la vision s'est améliorée d'une manière notable; il reconnaît aujourd'hui ses amis et il peut se conduire comme avant sa maladie, dans les rues de Paris; il peut enfin lire et écrire quelques lignes. Les pupilles sont plus dilatées et l'opacité des capsules n'existe plus; deux faits remarquables eurent lieu d'abord, la disparition de la névralgie et de la céphalalgie immédiatement après les deux premières frictions; ce qui lui permit de prendre du sommeil dont il était privé depuis plusieurs mois.

*Septième observation, communiquée par le malade.—Amaurose, cataracte.*

« L'affaiblissement de mon œil droit remonte à

l'année 1810 : cette défectuosité s'annonça par la sensation de voir deux objets où il n'en existait réellement qu'un. Cette double vision disparut graduellement, mais en même temps elle devint plus obscure. Il y a cinq ans que l'œil gauche ayant été affecté, a présenté les mêmes symptômes. Pendant ce long intervalle je suivis divers traitements sans succès ; c'est alors que j'eus recours aux frictions pratiquées deux fois chaque jour sur le front et les tempes, elles ont été continuées pendant six semaines; après ce temps les accidents disparurent et l'œil droit fut tellement amélioré que je pus lire les journaux sans lunettes. Je dois mentionner que jusqu'au moment où je fis ces frictions, j'ignorais quelle était la nature de cette affection. M'étant adressé à un oculiste distingué, il m'annonça après deux examens minutieux que j'avais deux cataractes. Pendant le traitement par frictions, je ne changeai en aucune manière mes habitudes. Aujourd'hui ma vue est assez bonne pour me permettre de lire, d'écrire, de pêcher, et même de chasser; que peut désirer de plus une personne âgée de 67 ans ? »

*Huitième observation, communiquée par le malade qui est docteur en médecine. — Amaurose.*

« Pensant que quelques lignes relatives à ma

maladie pourraient être parcourues avec intérêt, je le fais d'une manière concise et équitable. Ayant fait un voyage par un temps de neige, de pluie et un froid intense, je m'aperçus dans la matinée suivante que mon œil droit avait perdu la faculté de voir; en quelques heures il y survint une violente inflammation qui continua pendant plusieurs semaines, en dépit du plus énergique traitement. Le nerf optique et l'iris étaient le siège de cette affection; à la longue l'inflammation disparut, mais la vision ne fut pas améliorée; mes yeux étaient devenus tellement irritables et sensibles que j'étais obligé de les soustraire continuellement à l'action de la lumière. Je craignais définitivement que la faculté de voir de mon œil droit dont la pupille était restée contractée et immobile fût perdue. D'après l'avis de plusieurs de mes confrères qui m'avaient donné leurs soins pendant cette maladie, je quittai la province et je vins dans la métropole afin de consulter quelques célèbres oculistes; aussitôt mon arrivée je commençai le traitement par *frictions*; après un intervalle de quatre jours, il survint une notable amélioration dans l'œil droit, dont la vision était devenue plus distincte; cette amélioration continua de progresser, et vingt jours étaient à peine écoulés depuis les premières frictions, que je pus lire avec cet œil, qui auparavant pouvait à peine distinguer la lumière des ténèbres. Les trois premières frictions enlevèrent cette vive sensibilité et depuis elle n'est plus revenue. »

### *Observation instructive.*

« Un cas curieux et instructif sous divers rapports fut observé, il y a quelque temps, à l'hôpital de Wills à Philadelphie; un malade y fut admis pour une ophtalmie rhumatismale de l'œil droit; vingt ans auparavant il avait par suite d'une blessure, faite par une parcelle de métal à l'œil gauche, perdu la faculté de voir de cet œil, l'iris avait été lésé, et par suite la pupille était devenue ovale et s'était portée du centre à la circonférence. Avant son entrée à l'hôpital de Wills, il pouvait seulement, avec cet œil, distinguer la lumière de l'obscurité; pendant l'inflammation de l'œil droit, la vision de l'œil gauche s'améliora graduellement, et elle fut entièrement rétablie par une métastase de l'ophthalmie qui arriva sans cause appréciable. Quand il sortit de l'hôpital il voyait également bien de l'un et l'autre œil. *Manuel des maladies de l'œil, par le docteur Littel, chirurgien de l'hôpital de Wills à Philadelphie.* »

*Neuvième observation. — Névralgie.*

M. T. âgé de 44 ans, d'une faible constitution, après avoir fait un voyage dans une diligence pendant deux nuits très froides du mois de novembre 1840, ressentit dans l'épaule gauche une douleur intense, sans rougeur ni gonflement. Ce monsieur suivit pendant plusieurs mois divers traitements, qui ne furent suivis d'aucune amélioration. Au mois d'avril 1841, l'épaule droite devint le siège d'une semblable névralgie, le moindre mouvement exaspérait ses douleurs. Lorsqu'il nous vint voir au mois de mai suivant, nous lui conseillâmes de faire deux frictions chaque jour sur les parties douloureuses, huit applications ont suffi pour le guérir radicalement.

*Dixième observation. — Tic douloureux.*

Le docteur S... souffrait depuis 1827, de fréquentes attaques d'une névralgie située à la partie inférieure de la joue droite, suivant diverses directions, et s'étendant jusqu'à l'apophise mastoïde; ces douleurs qui étaient intenses, reparaissaient au moindre contact, ou par un changement de température; ce docteur avait suivi les plus énergiques traitements dont il n'avait été que temporairement soulagé. En 1835, il consulta un praticien très connu pour traiter ces affections; il lui prescrivit d'appliquer sur le point douloureux des sangsues tous les deux ou trois jours; il en appliqua successivement une centaine, et il appliqua aussi plusieurs vésicatoires; il fit succéder à ses moyens, l'usage d'une pommade de deuto-iodure de mercure qui excoria la peau; à la fin, d'intermittent qu'il était d'abord, ce tic douloureux devint continu. Un autre praticien lui conseilla de prendre du muriate d'ammoniaque; la première dose soulagea ses douleurs; la deuxième dose produisit peu d'effet; enfin, la troisième et dernière dose échoua complètement.

Depuis lors, il commença le traitement au moyen des frictions; la première diminua en partie la douleur. Ces applications furent faites légèrement une fois chaque jour sur les parties douloureuses. Douze frictions produisirent le plus heureux résultat; et depuis ce traitement, ce tic douloureux n'est plus revenu.

*Onzième observation. — Tic douloureux.*

M. R. H.... profession de pêcheur, âgé de 40 ans, d'une bonne constitution, et n'ayant pas l'habitude des boissons alcooliques, a souffert pendant les huit années qui viennent de s'écouler d'un tic douloureux, situé dans la joue droite. Dans le but de le soulager, trois dents molaires avaient été successivement extraites. Une portion de l'alvéole avait été fracturée avec l'extraction de la première dent; cet accident avait aggravé ses douleurs. Son médecin lui avait conseillé d'appliquer des ventouses, des sangsues, des vésicatoires; parmi les nombreuses médications auxquelles il avait eu recours, il avait pris en grande quantité le carbonate de fer; tous ces moyens avaient échoué. Un autre praticien lui avait encore fait extraire deux dents, ensuite il l'avait électrisé pendant quatre mois; malgré ces divers traitements, il n'avait jamais été moins de trois jours sans être pris d'un accès; le laudanum seul calmait momentanément ses souffrances.

Quand il commença le traitement par frictions, les douleurs s'étendaient de la joue droite à la langue, au nez; la vue était altérée, il voyait des étincelles et des flammes. L'action de manger, de boire, de parler, aggravait ses douleurs, de même que les changements atmosphériques; il était privé de sommeil, les deux côtés de la face présentaient la même température. Dans l'espace de six jours, il fit huit frictions; elles enlevèrent entièrement ses douleurs, et depuis, elles ne sont plus revenues.

Nous terminons en faisant de nouveau observer que le traitement par frictions est simple, facile, et qu'il ne produit pas de douleur; nous ajoutons, en outre, que si nous n'avions pas une entière confiance, une profonde conviction dans l'action salutaire, dans la puissante efficacité des substances que nous employons de cette manière, nous ne nous serions pas décidé à livrer cet opuscule à la publicité.

www.ingramcontent.com/pod-product-compliance
Ingram Content Group UK Ltd.
Pitfield, Milton Keynes, MK11 3LW, UK
UKHW032034260826
14628UKWH00006B/2944

9 782019 651466